AF260130

L41
b
861

(Par M. de _Lespinasse_ — Lange...
d'après (Barbier.)

MARTYRE

DE LA REINE DE FRANCE,

OU

LE 16 OCTOBRE 1793.

IMPRIMERIE ANTH°. BOUCHER, RUE DES BONS-ENFANS, N°. 34.

MARTYRE

DE LA REINE DE FRANCE,

ou

LE 16 OCTOBRE 1793.

Horesco referens.

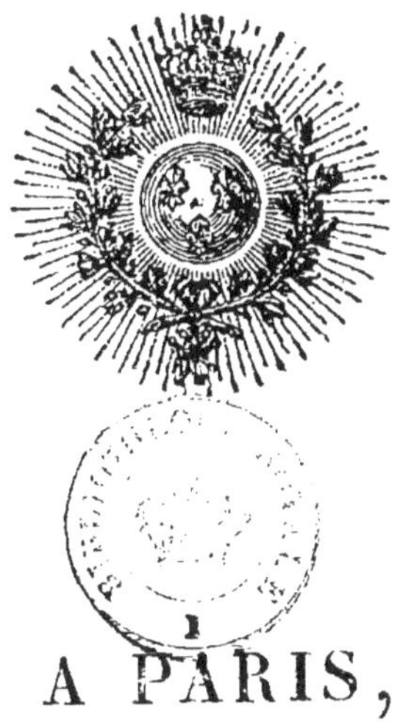

A PARIS,

Chez Aṅᵗʰᵉ. BOUCHER, rue des Bons-Enfans, Nᵒ. 34;
DENTU, Libraire, au Palais-Royal;
Et BRUNOT-LABBE, quai des Augustins, Nᵒ. 33.

M. DCCC. XXII.

AVIS DE L'ÉDITEUR.

Nous avons pensé qu'à cette époque de
regrets et de deuil, il était convenable d'ex-
traire du *Journal de l'Anarchie, de la
Terreur et du Despotisme*, etc. (1), le
morceau, plein d'intérêt et de vérité, que
nous offrons au public. Nous espérons
que l'auteur de cet ouvrage utile, que l'on
attribue à M. le chevalier de L......, voudra
bien, en faveur du motif, nous pardonner
cette légère infraction aux lois de la pro-
priété.

(1) 3 vol. in-12, chez Dentu, au Palais-Royal, et
Brunot-Labbe, quai des Augustins, n°. 33.

MARTYRE

DE LA REINE DE FRANCE,

ou

LE 16 OCTOBRE 1793.

QUAND le ministre de *la justice conventionnelle*, M. Garat, eut donné connaissance à Louis XVI de la sentence qui l'assassinait, le Roi, déjà loin de la terre par sa religieuse abnégation, ne put s'empêcher d'y faire avec attendrissement quelque retour en faveur de la Reine, de ses enfans et de sa sœur. Il ne crut point s'abaisser en les recommandant aux hommes de l'iniquité. On lui répondit, au nom de la Convention : *que la Nation, toujours grande et toujours juste, veillerait au sort de sa famille.* Voici de quelle manière fut accompli cet engagement contracté par le crime et sur l'autel des furies.

Dès le 3 de juillet, en exécution d'un arrêté du comité de salut public, les commissaires de service au Temple séparent la Reine de son fils, et le remettent entre les mains du savetier Simon, qu'ils nomment son instituteur.

Un décret du 1er. août traduit la Reine de France Marie-Antoinette, archiduchesse d'Autriche, au tribunal révolutionnaire, et ordonne qu'elle sera transférée sur-le-champ à la Conciergerie.

La Reine y fut, en effet, conduite dans la nuit du 1er. au 2 de ce mois. Ses larmes couvrirent son fils et Madame royale. Elle dit à Madame Élisabeth, en la serrant dans ses bras : « *Adieu, chère sœur, adieu pour toujours. Nous nous reverrons avec le Fils de Saint-Louis. Je recommande mes enfans à votre tendresse.* »

Le comte de Linange, retenu comme otage à Paris, offrit, dans une lettre à la Convention, de partir sur-le-champ pour Vienne, et d'en rapporter la neutralité de l'Autriche, si l'on voulait mettre la Reine en liberté. On ne fit pas plus d'attention à ses offres qu'aux démarches du ministre d'Espagne pour sauver les jours du Roi. La lettre du comte de Linange ne fut pas même lue à la Convention.

Elle mit tant de précipitation et de mystère dans l'odieuse translation de sa victime, qu'on ne songea pas même à prévenir le concierge de son arrivée. Il en fit l'observation : « Qu'importe ?

lui répondit le municipal qui conduisait la Reine ;
le cachot le plus infect, et pour lit quelques
bottes de paille, voilà tout ce qu'il faut à la veuve
Capet. » Un chien qu'elle avait au Temple la
suivit à la Conciergerie lorsqu'elle y fut transférée.
On ne le laissa point entrer ; les mauvais traitemens n'ébranlèrent point sa fidélité ; il ne quitta
plus le guichet, et, long-temps après la mort de
sa maîtresse, il veillait également à la porte de
la prison. Quand la faim le pressait, il allait dans
le voisinage chercher quelques débris de cuisine ;
il ne se donnait à personne, et revenait cons-
tamment au poste où son attachement l'avait pla-
cé. Tout le quartier le connaissait, l'accueillait
et le désignait sous le nom de *chien de la Reine*.
L'humanité que Marie-Antoinette n'avait pu trouver dans les représentans d'un peuple qui l'avait
adorée, elle la trouva dans le gardien d'une prison. Il mit tous ses soins à rendre moins amers à
sa souveraine les derniers instans de son existence. Il la plaça, tant qu'il en fut le maître, d'a-
bord dans son propre logement, et ensuite dans
une pièce assez commode, qu'on appelait la salle
du conseil. Il allait tous les jours lui demander
ses ordres pour ses repas : « Ce qui est bon pour
votre famille, le sera assez pour moi, lui répon-
dait l'auguste prisonnière. » Richard n'en par-
courait pas moins chaque matin tous les marchés

de la ville, pour en apporter ce qu'il y rencontrait de mieux. Un jour il demanda à une fruitière le meilleur de ses melons, quel qu'en fût le prix. Ce mot la fit rêver : « C'est donc pour une personne de grande importance? — Oh! sans doute, répond Richard, de la plus haute importance.... ou du moins qui le fut autrefois.... » La fruitière devine le secret, elle renverse à l'instant tous ses melons, choisit le meilleur, prie Richard, les larmes aux yeux, de le porter à son illustre captive, et refuse d'en recevoir le prix. Un trait pareil devait procurer trop de soulagement à l'âme sensible de la Reine, pour qu'elle n'en fût pas instruite. Mais il en coûta cher à Richard, pour ne s'être pas fait le licteur insolent des décemvirs. Il fut bientôt, ainsi que toute sa famille, traduit au tribunal révolutionnaire. Le malheureux devait savoir qu'en servant le gouvernement de la terreur, il fallait faire le sacrifice de toute humanité ou de sa tête (1).

A peine la translation de la Reine est-elle connue, que les journaux jacobins la déchirent de

____

(1) 1794. — Le même jour, à un an de distance, le scélérat Fouquier-Tinville, qui avait, avec tant d'acharnement, provoqué et suivi la plus atroce accusation contre la Reine de France, est lui-même décrété d'arrestation, et livré au tribunal d'assassins dont il était le complice et le régulateur.

mille manières ; elle meurt de tous les genres d'affliction, et ils ont l'indécente audace de la représenter , dans leurs libelles, livrée à tous les excès de la table et de la coquetterie , quand la nourriture la plus grossière suffit à peine pour la soutenir , et quand elle est réduite à rapiécer , de sa main royale, ses vêtemens en lambeaux.

Le 25 août , Fouquier se plaint de n'avoir aucune pièce pour arranger un acte d'accusation contre la Reine , et consommer le crime qui lui est commandé.

Le 3 septembre , elle est interrogée contre toutes les formes judiciaires , par des officiers municipaux et deux députés , sur une visite qu'elle a reçue d'un particulier introduit auprès d'elle, par l'administrateur de police Michonis ; et , sous le prétexte d'un œillet qu'elle a accepté , on bâtit la fable la plus monstrueuse et le délit le plus imaginaire.

Rien de plus insidieux et de plus stupide que les questions d'Amar et de Sévestre à ce sujet ; rien de plus noble et de plus imposant que les réponses de la Reine.

A propos d'une fleur, on lui demanda : «Vous » intéressez-vous aux armées de nos ennemis ?»

Elle répond : « Je m'intéresse à celles de la » nation de mon fils ; quand on est mère , c'est » la première parenté. »

On lui demande : « Quelle est la nation de ton
» fils ?

R. » Pouvez-vous en douter? N'est-il pas
Français ?

D. » Vous déclarez donc avoir renoncé à tous
les priviléges que donnait jadis le vain titre de
Roi ?

R. » Il n'en est pas de plus beau, et nous pen-
sons de même pour le bonheur de la France.

D. » Vous êtes donc bien aise, disent-ils à la
Reine de France, qu'il n'y ait plus de Roi, ni de
royauté ?

R. » Que la France soit grande et heureuse,
c'est tout ce qu'il nous faut. »

A mille autres questions ridicules, la Reine ne
répond que par ces mots simples, fermes et touchans : « J'ai fait mon devoir. » Et à cette ab-
surde interpellation : « Regardez-vous comme
» ayant fait tort à vos enfans, ceux qui ont pro-
» voqué l'abolition de la Royauté ? » Elle répliqua : « Si la France doit être heureuse avec un
» Roi, je désire que ce soit mon fils ; si elle doit
» l'être sans Roi, je partagerai avec mon fils le
» bonheur de la France. »

Les administrateurs de police, furieux de
l'inutilité de leurs piéges, et de se voir ainsi dé-
joués dans leur vil métier, en firent un plus vil
encore.

Le 8 septembre, ils reviennent à la Conciergerie, comme de vrais brigands, pour dépouil-
ler la Reine. Ils la somment de remettre ses ba-
gues, ses joyaux, enfin tout ce qu'elle peut encore posséder, hors ce qui doit strictement la
vêtir. La Reine ne daigna pas même faire une
observation, et ces scélérats emportèrent son
anneau de mariage en or, une petite bague du
même métal, une autre en forme de collier, une
pierre gravée, dite *talisman*, une autre émail-
lée tournant sur pivot, une montre d'or, plusieurs cachets et une médaille en or, objets
chers à son cœur par les chiffres de sa famille et
ceux des amies de son enfance. Après cet acte de
rapine, les commissaires de police ordonnent
au concierge Richard de tenir la Reine au secret, d'éloigner d'elle la citoyenne Florel qui la
servait, ainsi que les deux gendarmes qui se te-
naient perpétuellement dans sa chambre, et d'en
placer en dehors de sa porte, avec la consigne
de ne laisser approcher personne jusqu'à dix
pas.

Le 11 septembre, ces mêmes agens, toujours
ingénieux dans leur barbarie, prennent et font
exécuter l'arrêté suivant :

« Un nouveau local servira, ce jour même, à
» la détention de la veuve Capet. Elle sera pla-

» cée dans une chambre basse, faisant partie de la
» pharmacie de la prison; le pharmacien *An-*
» *toine Lacour* enlèvera de ce local les boiseries
» et les vîtres qui en dépendent; la grande croi-
» sée qui donne sur la cour des femmes sera
» bouchée par une tôle de fer, jusqu'au cin-
» quième barreau de travers; le surplus de la-
» dite croisée sera grillé en mailles très serrées;
» la seconde fenêtre sera condamnée en totalité
» par une forte tôle en fer; la petite ouverture
» sur le corridor sera bouchée en maçonnerie,
» ainsi que la *gargouille* qui existe pour l'écou-
» lement des eaux. Deux portes de forte épaisseur
» seront établies, et toutes les deux seront gar-
» nies de fortes serrures de sûreté et de deux ver-
» roux à l'extérieur. La veuve Capet restera dans
» ce local jusqu'à ce qu'il en soit autrement
» ordonné. »

Mais le comble de l'horreur, le voici! Dans
la nécessité de fabriquer des pièces contre la
Reine, mise en jugement le 3 octobre, sans savoir encore de quoi l'accuser, ce qu'attestait
une première lettre de Fouquier du 25 août, et
une seconde plus positive du 5 octobre, les
monstres imaginent, le lendemain 6, de dicter
et de faire signer à l'Enfant-Roi une déposition
horrible contre sa mère. Les infâmes, dans l'em-

portement de la haine qui les aveugle, n'avaient pas même la faculté de sentir et de comprendre qu'il n'appartenait point à leur âme atroce d'imiter la naïveté de l'enfance : aussi tout les trahit dans cet acte révoltant. Le style, la grossièreté des expressions, l'audace et la persévérance du mensonge, tout fait contraste avec l'innocent langage d'un prince de huit ans ; les inventeurs de cette épouvantable calomnie pouvaient seuls en retracer l'image obscène. Reine et mère adorable autant qu'infortunée, ce serait vous offenser que de vous défendre : la conviction de votre innocence existe, on le sait ; aussi n'est-ce pas d'elle dont il s'agit dans ce moment. Il faut uniquement prouver au monde entier qu'il n'y a pas de supplice assez terrible pour de pareils scélérats, que ce ne fut pas assez d'une mort pour ceux qui l'ont subie, et que ce n'est pas assez d'une vie à perdre pour ceux qui l'ont conservée. Les misérables ne s'arrêtent point dans leur infernale perversité : le 7 octobre, ils osent tenter d'appuyer la fausse déclaration du jeune Louis XVII par quelques aveux de Madame Royale. Tout ce que la ruse a de moyens détournés, d'*ambages*, de manœuvres frauduleuses, tout est employé contre une jeune Princesse assaillie tout-à-coup dans les quatre murs de sa prison. Les monstres *cherchent à la surprendre dans ses paroles* (St. Luc, Évangile,) *lui tendant des piéges et tâchant de tirer quelque chose de sa bouche qui leur donnât lieu de l'accuser.* On croit entendre l'esprit tentateur du désert, ou les scribes et les pharisiens du temple à Jérusalem. Mais l'Orpheline du Temple de Paris est également soutenue par un esprit céleste (*idem*) *qui lui donne lui-même une bouche et une sagesse auxquelles tous ses ennemis ne peuvent résister, et qu'ils n'osent contredire.* C'est une scène qui tient du miracle que celle où l'on voit avec quelle présence d'esprit, quelle dignité, quel courage une princesse de quatorze ans détruit toutes les mensongères assertions que l'on prête à son frère, et ne laisse au peintre député, chargé de la plus lâche mission, que la honte de sa tentative. Ce misérable ne se rebute pas ; son impudence vient s'adresser, pour la même imposture, à la sœur de son Roi. Il ne craint pas de demander à la vertu, à la candeur, à la modestie, à la piété même, l'aveu de la plus repoussante obscénité. L'indignation de Madame Elisabeth devança, dans cet instant, celle que la Reine fit éclater au tribunal de sang avec la plus sublime énergie.

Enfin, le 12 octobre, après cette exécrable machination, tout-à-coup, à six heures du soir, des gendarmes amènent la Reine de France

dans la salle d'audience du palais. Elle est placée sur une banquette en face de l'accusateur
public *Fouquier*. Là , seul et assis à ses côtés,
le président *Herman* interroge, et le greffier
Pâris, dit *Fabricius*, écrit sous sa dictée. Deux
pâles flambeaux éclairent à peine cette vaste et
sombre enceinte; différens personnages, étran-
gers au tribunal, se pressent, s'avancent dans
l'ombre, murmurent à voix basse des paroles
entrecoupées, et prennent part à ces lugubres
préparations du crime. Tout porte à croire que
Moyse-Bayle, Vouland, et plusieurs membres de
la Convention, étaient venus étudier dans les
réponses de leur victime, ce qui pourrait servir
à l'acte d'accusation, que, par ses différentes
lettres, le docile Fouquier déclarait lui - même
être impossible à composer. Cette scène noc-
turne, cet appareil sinistre, n'obtinrent de la
Reine aucune marque de faiblesse; et quand
mille questions, plus insolentes et plus captieuses
les unes que les autres, furent épuisées, on lui
demanda, pour la forme, si elle avait un défen-
seur. Sur sa réponse négative, le président Herman lui nomma deux hommes de son choix, les
citoyens Tronçon-Ducoudray et Chauveau-Lagarde, et à l'instant la Reine fut reconduite dans
son cachot, sous l'escorte des mêmes gendar-

mes qui l'avaient amenée, et ne l'avaient pas quittée d'une minute.

Le surlendemain 14 octobre, Marie-Antoinette de Lorraine, archiduchesse d'Autriche, dont l'auguste nom se retrouve sur presque tous les trônes de l'Europe, la sœur de l'empereur d'Allemagne, de la Reine des Deux-Siciles et de l'électeur de Cologne, la sœur du grand-duc de Toscane, du duc de Parme et de la duchesse de Saxe-Teschen, est amenée par deux gendarmes, devant vingt-quatre brigands, jurés ou juges, ou commissaires de la Convention, accusateur ou greffier, qui doivent l'accuser, l'interroger, la juger pour la forme, et qui d'avance ont décidé de sa vie.

Cette horrible résolution était si bien prise, l'assassinat était tellement inévitable, que les comités de la Convention le proclamaient sans pudeur, en ordonnant à deux de ses membres d'assister au procès de la Reine, et d'y faire telles réquisitions qu'ils jugeraient convenables. Ses défenseurs, qu'elle n'avait pas choisis, et qu'elle tenait de ses accusateurs, étaient menacés, même avant de savoir quelle énergie ou quelle faiblesse complaisante ils pourraient employer ! Ils devaient, portait le même arrêté, être détenus à l'instant du jugement. Cet acte de la plus noire

perfidie , doit précéder tous ceux de la procédure ; il est du 12 octobre.

Le voici :

« Le comité de sûreté générale et de surveil-
lance de la Convention nationale , arrête que les
citoyens Tronçon-Ducoudray et Chauveau-Lagarde , défenseurs officieux de Marie-Antoinette , veuve de Louis Capet, immédiatement
après le jugement à intervenir contre cette *par-
ticulière* , seront mis en état d'arrestation , in-
terrogés séparément, et conduits ensuite dans la
maison nationale du Luxembourg , par mesure
de sûreté générale *quant à présent.*

» Le comité nomme, pour l'exécution du présent arrêté , les citoyens Moyse-Bayle et Vouland , lesquels sont autorisés à se transporter au
Palais-de-Justice, où doit s'instruire le procès de
la veuve Capet, et y faire toutes les réquisitions
qu'ils jugeront nécessaires. »

Rien n'était sacré pour ces brigands, pas même
les hommes appelés , sans le vouloir , à protéger
l'innocence.

On a fait connaître les noms des régicides ,
pour les vouer à l'exécration des siècles ; que les
bourreaux de la Reine soient frappés de la même
malédiction ! Voici l'exacte liste de ces vingt-quatre scélérats , tirés de ce que le rebut du genre

humain avait de plus vil , de plus corrompu et de plus sanguinaire.

Moyse-Bayle et *Vouland* , délégués de la Convention.

Herman , président ; *Deliège* , *Douze-Verteuil* , *Coffinhal, Maire* , juges ; *Páris* , dit *Fabricius* , greffier.

Jurés : Ganney , perruquier , rue Geoffroy-Lasnier ; Chrétien, limonadier , rue Neuve-St.-Marc ; Thoumin , rue Saint-Thomas-du-Louvre ; Antonelle , ex-maire d'Arles , député à l'assemblée législative, rue de Richelieu ; Renaudin, luthier , rue Saint-Honoré , n°. 57 ; Tinchard , menuisier , rue Thibautodé , n°. 9 ; Nicolas , imprimeur, rue Saint-Honoré , n°. 355 ; Lumières , membre du comité révolutionnaire , rue Thibautodé , n°. 4 ; Desboisseaux , électeur de Paris , rue de la Fraternité ; Baron , chapelier, Cour du Commerce ; Souberbielle, chirurgien , rue Saint-Honoré ; Fiévé , rue Boucher , n°. 51 ; Besnard , rue Jean-Jacques-Rousseau ; Sambot , peintre , rue Taitbout , et Devèze , charpentier, rue de la Pépinière.

C'est en présence , au milieu de ces monstres et devant un auditoire composé , à dessein, de tigres et de furies , que , durant quarante-huit heures , l'innocence , le courage , la noblesse , la raison et la vérité, vont se trouver aux prises avec le crime, la lâcheté, la bassesse, la démence et le mensonge.

Depuis le 1er. août que la Reine était à la Conciergerie, on cherchait inutilement contre elle des motifs d'accusation. Le comité de salut public chargea de ces recherches un de ses espions le plus inventif, le plus infatigable et le moins scrupuleux, Héran. Son travail fut confié à Marat, qui, lui-même, le trouva dénué de vraisemblance, et ne sut comment en faire usage ; on le remit, pour lui donner une forme supportable, à deux régicides, Laignelot et Moyse-Bayle : leur rage resta impuissante. Fouquier-Tinville, l'accusateur par excellence, fut la seule ressource du comité, qui lui signifia le décret du 3 octobre.

Nous consignerons ici la lettre de Fouquier, en date du 5.

« M. le Président, j'ai l'honneur d'informer la
» Convention, que le décret par elle rendu le 3
» de ce mois, portant que le tribunal révolution-
» naire s'occupera, *sans délai* et *sans interrup-*
» *tion*, du jugement de la veuve Capet, m'a été
» transmis hier soir ; mais, *jusqu'à ce jour*, il
» ne m'a été transmis *aucune pièce* relative à
» Marie-Antoinette ; de sorte que, *quelque dé-*
» *sir* que le tribunal ait d'exécuter les décrets de

» la Convention, il se trouve dans l'*impossibi-*
» *lité* d'exécuter ce décret tant qu'il n'aura pas
» les pièces. »

Le comité de salut public, par une lettre en date du 8, signée Hérault, Billaud-de-Varennes, Barrère, Saint-Just et Roberspierre, répond à Fouquier l'accusateur, qu'il n'a rien à lui fournir pour le procès de la Reine, et l'invite à voir Rabaud-Pommier, qui *pourra* lui donner des renseignemens *sur les pièces qui lui sont nécessaires.*

Fouquier n'ayant pu s'en procurer encore le 10 octobre, presse de nouveau le comité de salut public de lui en faire obtenir.

Une seconde lettre du comité, en date du 11 et signée des mêmes, à l'exception de Saint-Just et de Barrère, mais dignement remplacés par Collot-d'Herbois, dit à Fouquier : « *Au désir* de » votre lettre d'hier, nous autorisons notre col- » lègue, le garde des archives, à vous communi- » quer les pièces relatives au procès de Capet, » et celles qui *pourront vous servir* à l'instruc- » tion de celui de sa veuve. S'il s'élevait quelque » nouvel obstacle, nous prendrons toutes les » mesures *capables de seconder votre zèle.* »

Il est démontré par cette correspondance, que le 11 octobre, Fouquier n'avait encore aucune pièce pour fabriquer son acte d'accusation , et que c'est un faux matériel , lorsqu'il déclare à son début , qu'il a été dressé sur celles qu'il a reçues le 11 : mensonge atroce ! Mais quand il serait vrai que les pièces qui , suivant la déclaration de M. Chauveau-Lagarde, étaient d'un volume immense , fussent enfin parvenues le 12 à Fouquier , pouvait-il les examiner en quarante-huit heures, et , dans si peu de temps , acquérir la preuve des nombreux délits dont il suppose la Reine coupable. Son infernale imagination a donc seule *secondé le zèle* que lui reconnaît le comité , non pas de *salut*, mais de *meurtre public*. Tout, en effet, dans cet acte d'accusation , n'est qu'un tissu de calomnies, de contradictions , d'assertions ridicules , et de violation des lois les plus récentes. Non, rien n'est appuyé de preuves dans le dossier que j'ai voulu voir et que j'ai vu.

Ces délits, si l'on ose leur donner ce nom, doivent être divisés en trois classes :

Ceux qui sont personnels à la Reine ;

Ceux qu'on ne devait, s'ils existaient , reprocher qu'au Roi, et qui, ayant servi de prétexte à son assassinat, ne pouvaient motiver celui de la Reine ; de la Reine, sous la dépendance d'un époux et d'un monarque ;

Enfin, les délits antérieurs au 14 septembre 1791.

Sur ces derniers, soit qu'on les impute à la Reine ou au Roi, toute recherche était formellement interdite par le décret suivant :

« Toute procédure, instruite sur des faits re-
» latifs à la révolution, quelqu'*en puisse être l'ob-*
» *jet*, et tous jugemens intervenus sur de sem-
» blables procédures, seront *irrévocablement*
» abolis.

» Il est défendu à tous juges de commencer
» aucune procédure pour les faits mentionnés
» en l'article précédent, ni de donner continua-
» tion à celles qui seraient commencées.

» Le décret relatif aux émigrés, est rap-
» porté. »

Cette loi était formelle ; mais l'unique loi de Fouquier est de n'en connaître aucune, et moins que toute autre, celles de la justice et de l'humanité. Le misérable accuse donc audacieusement sa souveraine :

« D'être la cause de l'insurrection, à la suite de laquelle une foule innombrable de *citoyens* et de *citoyennes* se sont portés à Versailles, les 5 et 6 octobre 1789. Les seules pièces, qui se trouvent dans toute la procédure, sont relatives à cette étrange inculpation ; et ces pièces, qui pourra le croire ! sont les deux extraits mortuaires de ces deux fidèles et braves gardes du-corps, Deshutes et Varicourt , massacrés par un sublime dévouement dans ce jour de crime , pour empêcher la Reine d'être assassinée par les *citoyens et les citoyennes.* »

Un ordre du comité de salut public , joint à ces deux extraits, autorise Lecointre de Versailles à se les faire délivrer, comme preuve du sang qu'a fait répandre la Reine dans cette conspiration.

Il accuse sa souveraine d'avoir fait imprimer et distribuer des ouvrages dans lesquels elle est dépeinte sous des couleurs peu avantageuses, pour donner le change , et persuader aux puissances qu'elle était maltraitée des Français, et les animer de plus en plus contre la France ;

D'avoir dilapidé , d'une manière effroyable , les finances de la France , fruit des sueurs du peuple ;

D'avoir toujours témoigné pour le peuple l'aversion la plus caractérisée.

Il accuse la Reine d'avoir préparé la fuite de Louis Capet, au mois de juin 1791, secondée par Lafayette , *son favori* , SOUS TOUS LES RAPPORTS, (un sûr témoignage, est son sommeil du 5 octobre), ce qui est prouvé, il a le front de le dire , par une déclaration que l'on ose attribuer à son fils , Charles Capet ; tandis que , dans ce même acte, on fait raconter au jeune Roi qu'on l'a *emporté tout endormi* de son appartement.

L'univers entier n'a que trop su avec quelle rigueur, au retour de Varennes, la Reine et le Roi ont été retenus prisonniers dans les Tuileries, et quelle vigilance indécente M. le marquis de Lafayette exerçait, la nuit même, jusque dans l'intérieur des appartemens de la Reine et du Roi. Hé bien! selon Fouquier, ce n'était qu'une ruse pour empêcher les citoyens d'aller et venir librement dans les cours et le jardin du château, et pour les empêcher de découvrir ce qui se tramait dans cet infâme lieu contre *la liberté de la Nation*, notamment le massacre du 17 juillet au Champ-de-Mars.

L'attaque même et l'invasion du château le 10 août ont été combinées par la Reine; elle a, pour égorger le peuple, caché des Suisses dans les caves du château; et comme les Suisses, cachés dans des caves, n'ont pas la facilité d'y boire suffisamment, Fouquier prétend que, pour prolonger leur ivresse, la Reine avait du vin dans ses appartemens, et qu'on a trouvé, sous son lit, des bouteilles vides, et des pleines en plus grand nombre.

Elle a, le même jour, 10 août, donné sa main à baiser à Tassin de l'Étang, capitaine de la force armée des Filles-Saint-Thomas, en disant à son bataillon : *Vous êtes de braves gens !*

Elle a sondé l'esprit des départemens, elle a eu le projet de réunir la Lorraine à l'Autriche; et ce qui prouve ce fait, c'est qu'elle prend le nom d'Antoinette de Lorraine.

Enfin, dit le monstre, la veuve Capet, immorale sous tous les rapports, à l'instar des Frédégonde et des Agrippine, que l'on *qualifiait autrefois de Reine de France, oubliant sa qualité de mère, et la démarcation prescrite par la nature, n'a pas craint. . . . .* L'indignation ne permet pas de continuer : ce sera bien assez d'entendre cette dégoûtante calomnie, quand l'infâme Hébert aura bientôt l'ordre de la répéter comme témoin.

Nulles pièces, comme on doit le croire, ne sont produites pour confirmer ces perfides accusations; mais Fouquier se flatte de les faire attester par trente-neuf témoins qu'il fait comparaître, et dont plusieurs, détenus par ses ordres, dans ses prisons, sont amenés par des gendarmes à son tribunal. Treize seulement, de ces trente-neuf, manifestent l'intention, mal remplie, de déposer contre la Reine. Les vingt-six autres lui sont favorables. Nous allons les entendre très rapidement.

1. Laurent Lecointre, député à la Convention nationale, notoirement connu par le désordre de ses idées, lit, contre toutes les règles, un long mémoire obscur et romanesque, qui contient presque toute l'histoire de la révolution. Il y parle, entre autres absurdités, d'un projet de M. le comte d'Artois pour faire sauter l'assemblée, et accuse la Reine d'avoir reçu du contrôleur-général des sommes immenses, dont toutefois il ne reste nulle trace à aucune comptabilité. Tout ce que dit le témoin est vague, et ne peut rien conclure contre la Reine.

2. Antoine Roussillon, chirurgien – canonnier, est celui qui a donné à Fouquier l'heureuse idée des bouteilles vides et pleines, cachées le 10 août sous le lit de la Reine : il répète cette fable ; il ajoute que la Reine a fait passer des sommes considérables à l'Empereur son frère ; il tient ce fait d'une *bonne citoyenne à qui un favori de l'ancienne cour en avait fait la confidence.*

3. Jacques-René Hébert, substitut du procureur de la commune, si connu sous le nom de *Père Duchesne*, veut prouver la conspiration de la Reine par la découverte d'un livre à elle appartenant, où se trouvait un signe contre-révo-

lutionnaire , c'est-à-dire , **un cœur** enflamme traversé d'une flèche avec cette devise : *Jesus , miserere nobis* ; et tout-à-coup oubliant qu'il vient d'accuser la Reine de pratiques superstitieuses et d'une religion exagérée, en *priant Dieu d'avoir pitié d'elle*, il unit à ce premier reproche une calomnie contradictoire. Ce misérable, si décrié par la grossière impudence de son journal, laissa croire qu'il en lisait un article, en répétant l'imposture sans vraisemblance, relative à des communications impures entre la Reine et son fils ; il prétendit, par un raffinement de scélératesse, que cette corruption de mœurs avait, pour principal motif, le projet politique d'anéantir les facultés morales du jeune prince, pour le dominer plus facilement, si jamais il parvenait à régner. Le cynique et féroce président sembla rougir lui-même de cette déposition , et loin de la relever, il s'abstint de toute interpellation à cet égard.

4. Pierre-Joseph Terrasson , employé dans les bureaux du ministre de la *justice de cette époque* , va chercher un motif d'accusation dans les regards qu'à son retour de Varennes, la Reine jetait sur les gardes nationaux de son escorte. Ce regard, qu'il nomme vindicatif, a fait penser, à lui déposant , qu'elle se vengerait un jour , et

qu'effectivement, peu de jours après (pendant que la Reine était prisonnière aux Tuileries), arrivèrent les scènes sanglantes du Champ-de-Mars.

5. Reine Millot. Cette fille domestique est la *bonne citoyenne* indiquée par le chirurgien-canonnier Roussillon, comme en état de donner des renseignemens qu'elle tient d'*un favori de l'ancienne cour*. Cette imbécile raconte que la Reine a envoyé deux cents millions à l'empereur, son frère, pour faire la guerre aux Turcs, et revenir de chez eux sur la France. Elle tient ce fait du duc de Coigny *en belle humeur*, et qui ajouta qu'*on n'était pas au bout*. Deux cents millions ! et le duc de Coigny dénonçant la Reine ! Comme cela est bien imaginé ! comme le personnage *en belle humeur* est bien choisi ! Pendant qu'elle est en train, Reine Millot en dit de belles ! Elle a su aussi, mais elle ne nomme plus personne, que des hussards et des gardes d'Artois devaient massacrer les gardes-françaises ! Mais ce qu'il y a de plus sérieux et de plus terrible contre la Reine, c'est que le témoin affirme que la Reine avait formé le projet d'assassiner le duc d'Orléans ; que le Roi, pour éviter ce meurtre, avait saisi deux pistolets sur elle, et l'avait consignée pendant quinze jours dans ses appartemens. On

conçoit tout l'intérêt que le tribunal prenait à la conservation des jours de M. le duc d'Orléans, qu'un décret du 9 avril avait déjà fait conduire à l'Abbaye, et dont le prompt jugement se trouvait ordonné par le même décret du 3 octobre, qui livrait la Reine à ses assassins.

6. Jean-Baptiste Labenette ne perd pas de temps à entrer dans de minutieux détails; il déclare en masse qu'il est parfaitement d'accord sur tous les points de l'acte d'accusation; il ajoute seulement qu'on est venu pour l'assassiner *au nom* de l'accusée. Voilà certes des assassins bien indiscrets ! Sur cette grave accusation, le président demande à la Reine, on ne sait trop pourquoi : « Lisez-vous l'*Orateur du Peuple* ? » Elle répond, et l'on peut l'en croire : « Jamais. »

7. Le savetier Simon, l'instituteur du jeune Roi, ne dit rien qui confirme l'acte d'accusation. Il déclare seulement que la Reine était instruite au Temple de ce qui se passait dans Paris; qu'elle traitait avec respect son fils; qu'un administrateur avait caressé et pris le jeune Capet dans ses bras, et l'avait enfermé dans une tourelle avec sa sœur, pour s'entretenir plus librement avec la Reine et Madame Élisabeth.

8. François Tisset, marchand, rue de la Barillerie, prétend avoir vu chez M. Septeuil, trésorier de la liste civile, *deux bons* formant ensemble 80 mille francs et signés *Antoinette*. Ces bons imaginaires sont toujours restés invisibles, comme ceux qu'on attribuait au Roi; et d'ailleurs quelle révolution avait-on pu soudoyer avec *deux bons* de 40 mille francs, quand on les aurait représentés? Ce même Tisset interrompit quelques momens plus tard les autres témoins, pour déclarer d'office que la Reine avait fait avoir la croix de Saint-Louis à un nommé *Lareignie*, du service dans la garde au sieur Pariseau, et qu'un nommé Esmenard, demeurant rue Plâtrière, avait été chargé par la Reine de composer *des placards royalistes*.

9. Jean-François Mathey, concierge de la tour du Temple, répète ce qui se trouve dans la prétendue déclaration du jeune Roi, que lors du départ de Varennes il avait été *enlevé tout endormi*, ce qui contredit l'assertion qu'il a vu M. de Lafayette. Le reste de la déposition du concierge a pour unique objet de dénoncer les égards que certains membres de la commune avaient eus pour les prisonniers du Temple.

10. Jean-Baptiste-Olivier Garnerin, secré-

taire de la commission des vingt-quatre, parle d'un seul bon de 80 mille francs, vu dans les papiers de M. de Septeuil. Cette assertion reste sans preuve, comme celle du marchand Tisset : interpellé de déclarer s'il a connaissance d'accaparémens de sucre, de café et de blé, il répond par une dénégation.

11. Charles-Éléonore Duphriche-Valasé détruit les déclarations relatives aux *bons* de 80 mille francs, en déclarant que parmi les pièces qui lui ont été remises pour dresser l'acte d'accusation contre le Roi, il n'a vu qu'un *bon* de 20,000 fr. signé d'*Antoinette*. Il prétend (autant qu'il peut se le rappeler) avoir vu une lettre d'un ministre qui priait le Roi de communiquer à Marie-Antoinette un plan de campagne qu'il avait eu l'honneur de lui présenter. Valasé n'a pas cru devoir faire usage de cette pièce dans le procès du Roi.

L'accusateur public, sur ce propos, qu'aucune pièce n'appuie, reproche à la Reine son influence sur le Roi.

12. Didier Jourdeuil, huissier, dépose que dans une liasse de papiers saisis chez M. d'Affry, il a vu une lettre de la Reine où se trouvait cette phrase : « Peut-on compter sur vos Suisses ? fe-

» ront-ils bonne contenance lorsqu'il en sera
» temps? » Quoique la défense contre toute attaque soit légitime, la Reine soutient n'avoir jamais écrit à d'Affry. Fouquier prétend se rappeler qu'il a vu cette lettre dans le procès criminel
intenté contre d'Affry, mais que la faction Ro-
land a fait supprimer toutes les écritures et le
tribunal.

13. Michel Gointre, employé au bureau de
la guerre, a lieu de soupçonner que la Reine
était de complicité dans une fabrication de faux
assignats à Passy. L'acte d'accusation ne parle
pas même de ce fait, et le président dédaigna de
s'en occuper.

Telles furent les dépositions des treize misérables, vils suppôts de la démagogie, affidés de
Fouquier-Tinville, et acteurs habituels dans
toutes les scènes sanglantes de la révolution.
Leurs déclamations, toutes dénuées de preuves,
se trouvaient même étrangères aux faits supposés
qu'énonçait l'acte d'accusation. Appelés pour la
calomnie, aucun d'eux ne lui donne la moindre
vraisemblance; mais le tribunal ne demandait
que l'imposture, elle seule fut écoutée. Les
vingt-six autres témoins non-seulement n'articu-
lèrent aucun fait contre la Reine, mais contre-
dirent ceux qu'on employait pour l'inculper.

M. Bailly ne dissimula point que l'acte d'accusation contre Marie-Antoinette lui paraissait établi sur des faussetés, et il protesta que tous les faits contenus dans la déclaration de Charles Capet étaient absolument controuvés.

Manuel, amené par deux gendarmes de la prison où il était détenu, Manuel, si cruellement fameux par les massacres de septembre, et bien assuré qu'il paiera de sa vie le refus d'accuser la Reine, ne voulut point se sauver par une calomnie, et osa dire qu'on n'avait que trop de clémence à reprocher à la Reine comme au Roi.

Nuls faits à la charge de la Reine ne furent obtenus des autres témoins, dont les noms sont à conserver.

Jean-Baptiste Lapierre, adjudant-général de la quatrième division.

Abraham Silly, notaire à Paris.

Jean-Baptiste Hébain, dit Perceval, employé aux chasses.

Jean-Gilbert-François Dufresne, un des gendarmes qui gardaient la Reine à la Conciergerie.

Marie Devaux, femme Arel, qui était restée quelques jours auprès d'elle dans cette prison.

Toussaint Richard, concierge de la Conciergerie, et Magdeleine Rosay, sa femme.

Jean-François Lepître, instituteur, et l'un des commissaires du Temple, où sa conduite, digne des plus grands éloges, prouve qu'en supportant l'odieux de cette place, il ne l'avait prise que dans l'espoir dangereux d'adoucir le sort des augustes prisonniers.

Nicolas Lebœuf, instituteur, ci-devant offi-'cier municipal.

Augustin-Germain Jobert, administrateur de police, détenu dans les prisons du tribunal, et conduit par deux gendarmes.

Antoine-François Moyle, suppléant du procureur de la Commune auprès des tribunaux de police municipale, amené de même par deux gendarmes.

Renée Sévin, femme Chaumette, attachée à la Reine, pendant six ans, comme sous-femme de chambre.

Jean-Baptiste Vincent, entrepreneur-maçon des travaux du Temple, et membre du conseil général de la commune.

Nicolas-Marie-Jean Beugnot, architecte et membre de la commune.

François Daugé, administrateur de police.

Jean-Baptiste Michonis, limonadier, membre de la commune du 10 août, impliqué dans l'aventure de l'homme à l'œillet.

Pierre-Édouard Bernier, médecin du jeune

Roi. L'atroce Hébert l'accuse de ne s'être jamais présenté au Temple qu'avec *les bassesses de l'ancien régime*. « Monsieur, lui répondit avec fermeté le docteur Bernier, *dites bienséance et non bassesse.* »

Claude-Denis Tavernier ne dit rien contre la Reine, et accuse Lafayette.

Jean-Maurice-François Lebrasse, lieutenant de gendarmerie à la suite des tribunaux.

Joseph Boze, peintre de portraits.

Pierre Fontaine, marchand de bois.

Philippe-François-Gabriel de la Tour-du-Pin-Gouvernet, appelé par méprise, déclare n'avoir aucune connaissance des faits contenus dans l'acte d'accusation.

Jean-Frédéric de la Tour-du-Pin, ancien ministre de la guerre, s'incline avec respect devant la Reine, et, comme on devait l'attendre d'un homme d'honneur, déclare n'avoir rien à dire que de favorable.

Charles-Henry, comte d'Estaing, vice-amiral, détenu à Sainte Pélagie, paraît escorté d'un gendarme. Le tribunal le met aux prises avec Lecointre, de Versailles, sur les journées des 5 et 6 octobre. Leur colloque ressemble plus à une dispute qu'à une déposition. Le président cherche à le compromettre par des questions embarrassantes, comme tous ceux qui ne se prêtent pas à calomnier la Reine ; mais loin de l'accuser, le comte d'Estaing déclara qu'il avait entendu, le 5 octobre, des conseillers de cour dire à l'accusée que le peuple de Paris allait arriver pour la massacrer, qu'il fallait qu'elle partît, et qu'elle répondit avec un grand caractère : « *Non, je ne* » *fuirai point, et si je dois être assassinée par* » *le peuple, ce sera aux pieds du Roi que je le* » *serai!* » Rien n'était plus noble que cette déclaration du comte d'Estaing ; mais il en détruisit tout le mérite en la faisant précéder de ces mots d'une insigne bassesse : « *J'ai à me plain-* » *dre de l'accusée.* » Ah ! sans chercher à connaître si le fait était véritable ou faux, quelle rancune invétérée pouvait subsister encore dans la situation où un gentilhomme français voyait sa Reine si malheureuse? Certes, le généreux d'Estaing de 1214 n'avait pas de si lâches souvenirs, quand au péril de ses jours, et sans autre pensée que de se jeter entre la mort et son roi, il sauvait la vie de Philippe-Auguste, à Bouvines. Le d'Estaing de la révolution ne peut que rappeler celui de ses ancêtres pour qui Boileau composa ces vers :

Je veux qu'un des Capets, pour honorer son nom,
Ait des trois fleurs-de-lis doté son écusson ;
Que sert ce vain amas d'une inutile gloire,
Si de tant de héros, célèbres dans l'histoire,

Il ne peut rien offrir aux yeux de l'univers
Que.... *ces mots échappés d'un cœur dur et pervers.*

J'ai à me plaindre de l'accusée ! Cette phrase,
au reste, ne fit pas plus d'impression sur le tribunal que les nobles témoignages que le courage
et la vérité venaient de lui faire entendre ; mais
ce qui frappa vivement l'auditoire, fut l'admirable réponse que fit la Reine à l'un des jurés. Ce misérable, né sans doute dans la même fange qu'Hébert, somma le président de contraindre l'*accusée* à s'expliquer sur les actes criminels qu'on lui
reprochait avec son fils : « *Si je n'ai pas répon-
du*, répliqua la Reine, *c'est que la nature elle-
même se refuse à répondre à une pareille inculpation ;* et se retournant soudain vers les spectateurs, en élevant la voix, et les yeux gonflés
de larmes : « *J'en appelle*, dit-elle, *à toutes les
mères qui sont ici ; c'est à leur cœur à me défendre.* Ce mouvement sublime ne trouva pas
une âme insensible. Les plus féroces furent éton-
nés de céder à leur émotion ; un murmure général d'approbation se fit entendre, et effraya les
juges. On a su que Roberspierre, instruit sur-
le-champ de cette scène chez un restaurateur où
il dînait avec Barrère et Vilatte, en cassa de fu-
reur son assiette, et s'écria : « *L'imbécile ! au
dernier moment de cette femme, il trouve le*

moyen de lui concilier l'intérêt public. » Mais cet intérêt ne fut malheureusement que trop passager. Un signe de Vouland pressa le président d'appeler de nouveaux témoins. Ils s'étaient vainement succédés depuis quelques heures, quand Herman demanda à la Reine si elle avait quelque chose à dire encore pour sa défense. Elle répondit avec autant de sens que de dignité : « Hier , je ne connaissais pas les témoins ; j'i-
» gnorais ce qu'ils allaient déposer contre moi ;
» hé bien! personne n'a articulé contre moi un
» fait positif. Je finis en observant que je n'é-
» tais que la femme de Louis XVI , et qu'il
» fallait bien que je me conformasse à ses vo-
» lontés. »

Toute la cause de la Reine devait être décidée par ces paroles, si l'audace de la juger n'avait pas été inspirée par le projet de l'immoler.

Il était minuit ; à la première heure du 16 octobre , le président dit aux défenseurs de la Reine : « Sous un quart-d'heure les débats fini-
» ront : préparez votre défense pour l'accusée. »

En effet, et sans plus de retard, après le quart-d'heure expiré, le président annonce la fin des débats, et donne la parole à l'exécrable Fouquier l'accusateur, qui renouvelle ses impostures. Quand il eut épuisé sa rage, ceux qu'on nommait les défenseurs officieux de la Reine, et que le tribunal

avait appelés , furent tous les deux entendus.
Il est affligeant de penser que leur plaidoyer
fut insignifiant, stérile et sans énergie , puisqu'il n'en reste d'autre souvenir qu'un décret
malheureusement très expressif pour l'honneur
de leur éloquence et de leur zèle. Il est juste
d'avouer que le temps leur avait manqué. M.
Chauveau - Lagarde ne fut averti que le 14,
du devoir sacré qu'il avait à remplir. Il raconte
qu'étant monté au greffe , il y trouva un amas
si volumineux de pièces , qu'il eût fallu des se-
maines entières pour les examiner. Il faut que
ces pièces n'y soient restées que peu d'instants, ou
qu'elles aient été détruites dans l'intérêt du mensonge, car aujourd'hui pas une ne s'y trouve. Il
faut ajouter que les défenseurs de la Reine ne la
virent qu'un instant; qu'ils avaient sollicité un
délai qui fut refusé; qu'ils venaient d'éprouver
*les fatigues et les angoisses d'un débat de vingt
heures consécutives , et que, pour les intimider,*
on leur avait donné connaissance de l'arrêté du
comité de sûreté générale , qui prescrivait d'a-
vance leur détention. Mais les difficultés et les
périls sont, dans les grandes circonstances , ce
qui développe les ressources et la vigueur des
âmes élevées. Quel temps faut-il pour se prépa-
rer, quand tout ce qu'on peut dire doit être un
élan du cœur ? Plus les idées , plus les senti-

mens ont été comprimés, plus ils s'échappent en abondance. La chaleur de la fièvre est brûlante, et l'éloquence du désespoir entraîne tout. Les défenseurs de la Reine en avaient la preuve; un mot d'elle, un mot sublime avait trouvé le chemin des cœurs les plus féroces, le même espoir leur était-il interdit? Les pièces de l'imposture n'étaient point sous leurs yeux! Qu'avaient-ils besoin de les posséder pour les réfuter et les anéantir? La mémoire de l'âme devait leur fournir des actes plus authentiques; ils pouvaient invoquer des faits publics; et pour défendre la Reine, ils avaient la renommée de ses vertus.

On l'accusait d'animer les puissances étrangères contre la France, et de les exciter à la guerre contre la république.

Qui pouvait leur contester que l'Assemblée législative avait décrété la guerre par acclamation, et qu'à l'appel nominal pour délibérer sur le sort de l'Europe et de la France, sept voix seulement avaient opiné pour la paix?

Cette phrase de Vergniaud n'était oubliée de personne, depuis le 12 janvier 1792 que l'impression en fut ordonnée :

« J'insiste pour la guerre, en conjurant l'as-
» semblée, par les mânes des générations pas-
» sées, de préserver de l'esclavage les généra-
» tions futures : j'insiste pour la guerre. »

Est-ce la Reine qui, le 21 avril 1792, dictait aux Jacobins, maîtres de l'assemblée législative, ces mots scélérats :

« Les victoires ou les défaites doivent égale-
» ment tourner au profit de la liberté. Les vic-
» toires épouvanteront tous les rois de l'Europe,
» et les défaites abattront le trône du Roi de
» France. Tout est profit dans cette double
» épreuve. »

On accusait la Reine de l'aversion la plus caractérisée contre le peuple français.

Comme elle était au contraire vivement touchée de son affection ! N'est-ce pas elle qui, sensible à l'accueil que le peuple de Normandie avait fait au Roi dans son voyage à Cherbourg, voulut que le second Prince qu'elle allait donner à la France portât le nom de cette province fidèle, *afin*, disait-elle, *que ce nom rappelât à son fils, dans un âge plus avancé, tout ce qu'il devait à ces braves Normands, chez qui l'auteur de ses jours avait reçu tant de bénédictions?* C'est au même titre et à l'imitation d'un si beau modèle, que le Duc de Bordeaux doit aujourd'hui son nom.

N'est-ce pas la Reine qui, cent fois, quand la multitude accourait sur ses pas, lui disait : « Vous avez bien du plaisir à nous voir ; croyez

» que nous en avons aussi beaucoup à voir votre
» empressement; » et quand, parfois, quelques
gardes voulaient écarter la foule : « Doucement,
» leur disait-elle, doucement, Messieurs, le Roi
» veut que vous laissiez approcher ces bonnes
» gens ; ils ne veulent pas nous faire du mal. »

Donnait-elle une preuve d'aversion contre les
Français, quand, le 14 juillet, on la vit à la
réunion des fédérés au Champ-de-Mars, leur
présenter son jeune fils à peine âgé de quatre
ans, le mettre sous leur sauve-garde, et récla-
mer pour lui leur fidèle attachement? Et lors-
que, élevé dans les bras de sa mère, cet auguste
enfant agita ses innocentes mains, comme pour
participer aux engagemens du meilleur des
rois, quel enthousiasme, que de vœux et de
bénédictions pour la Reine! et par quelles douces larmes ne sut-elle pas exprimer sa recon-
naissance!

Quelle souveraine plus populaire, auraient pu
dire ses défenseurs, que celle qui, traversant à
pied le village de Saint-Michel, près Versailles,
et voyant de loin une femme infirme et fort âgée
qu'entouraient plusieurs enfans, s'approche
d'elle, s'informe de sa situation pour y compatir,
et sachant qu'elle était l'aïeule de tous ces malheureux, sans autre appui que ses soins, depuis
que le ciel les avait privés de leur père et de

leur mère, leur prodigua ses larmes et ses secours, choisit un de ces orphelins, l'adopta, le
fit élever à Versailles, et se plaisait à le voir tous
les jours se livrer sans contrainte, dans ses appartemens et sous ses yeux, à tous les amuse-
mens de la plus tendre enfance!

Que de témoins empressés auraient attesté ses
bienfaits répandus sans nombre sur ses sujets de
toutes les classes, villageois, hommes de lettres
et militaires!

Là, c'est une jeune fille portant à sa mère un
repas bien frugal : elle l'arrête, la questionne,
s'afflige de sa situation et de sa chétive nourriture, veut qu'elle soit meilleure à l'avenir, lui
remet quelques pièces d'or, avec promesse de
les renouveler ; et cédant à la curiosité de la sui-
vre, elle s'écrie, en voyant la mère et l'enfant
bénir leur bienfaitrice, qu'*elle n'a jamais éprou-
vé de bonheur plus réel et plus doux.*

Là, c'est Champfort, si ingrat depuis, qu'elle
fait appeler dans sa loge, après la représentation
de *Mustapha et Géangir*, et à qui la Reine, entourée de la cour la plus brillante, adresse ces
paroles si flatteuses : « M. de Champfort, au
» plaisir que m'a procuré la représentation de
» votre pièce, j'ai voulu joindre celui de vous
» annoncer que le Roi, *pour encourager vos*

» *talens et récompenser vos succès,* vous ac-
» corde une pension de 1200 francs. »

Là, c'est un brave militaire qui, privé de son état par une réforme nécessaire, est sauvé du plus sombre désespoir par l'intérêt que lui accorde la Reine, et par des secours qu'une grâce inimitable sait rendre sans prix. Qu'on se figure la surprise et la joie de cet officier, quand le matin, en s'éveillant, il trouve dans sa chambre le nouvel uniforme bien complet du régiment où il est replacé, le brevet de capitaine dans une poche et cent louis dans l'autre. Ah! qu'il soit permis à ce Français reconnaissant de paraître au tribunal, et qu'on lui laisse la liberté de parler, les pièces du procès ne lui seront pas nécessaires pour défendre sa souveraine, et tous les orateurs du monde n'en diront pas autant que lui.

Que serait devenue l'accusation portée contre la Reine, d'être, comme une autre Frédégonde, implacable et terrible dans ses vengeances, si l'on avait rappelé que les magistrats du Châtelet, chargés de poursuivre les attentats du 6 octobre, étant venus lui demander des renseignemens sur cette effroyable conjuration, elle répondit ces mots admirables : *J'ai tout vu, j'ai tout entendu, j'ai tout oublié !*

Et ces vœux d'une âme sensible et généreuse :

*Je voudrais connaître les hommes qui peuvent
me haïr, et voir si je pourrais les punir en les
rendant heureux.*

Qu'on ne prétende pas que c'étaient là de
vaines paroles : elle en prouvait la sincérité
par des actions. Venez, M. de Pontécoulant ;
racontez , major véridique des gardes-du-
corps, comment la Reine renouvela pour vous
le rare exemple de clémence dont Louis XII
marqua son avènement à la royauté. « Oui ,
vous dira-t-il avec franchise, j'avais, sans le
vouloir , vivement offensé Madame la Dauphine ;
je me crus perdu lorsqu'elle devint Reine, et
qu'il me serait impossible de continuer mon service. Je remis ma démission entre les mains de
M. le prince de Beauveau. » La Reine en fut
informée : « De grâce, dit-elle à l'instant au
prince, assurez M. de Pontécoulant que la
Reine ne venge point les injures faites à la Dauphine , et que je le prie de vouloir bien les ou-
blier lui-même. » Voilà, voilà , répètera M. de
Pontécoulant , comment la Reine était vindica-
tive ! C'était bien une vengeance sans doute, car
rien au monde ne pouvait me faire plus rougir
de ma faute ; mais cette vengeance honore ceux
qui l'exercent, enchaîne ceux qui l'éprouvent,
et ne peut jamais entrer dans un acte d'accusation.

Celui de la Reine lui fait un crime de la riche élégance de Trianon. Ce domaine, devaient dire les défenseurs, avait été donné par le Roi. Mais une véritable et touchante création de la Reine était un hameau composé de douze chaumières élevées au milieu de ces jardins enchanteurs, et l'enchantement le mieux senti par la Reine était d'y prendre soin de douze pauvres familles qu'elle y avait établies, était de les visiter souvent, et d'accompagner chaque visite de nombreux bienfaits. Répondez, hommes sévères, cette magnificence d'un genre nouveau ne doit-elle pas excuser toutes les autres ?

Elle a, nous dites-vous, *dilapidé d'une manière effroyable les finances de la France, fruit des sueurs du peuple.* Mille faits, mille concerts de louanges, et les bénédictions de ce peuple, moins injuste que vous, anéantiront cette imposture ; et pour les révéler ces faits, je n'aurai que l'embarras du choix.

Un impôt, consacré par l'usage et le temps, connu sous le nom de *ceinture de la Reine*, était un tribut d'amour que la France devait à sa nouvelle souveraine : elle supplia le Roi d'en exempter ses sujets.

Ce ne fut pas seulement aux malheureux de Paris et de Versailles que, pendant le rigoureux

hiver de 1784, la Reine prodigua d'immenses et
de continuels secours : ses libéralités allèrent
chercher tous les êtres souffrans jusqu'aux ex-
trémités de la France. Des témoignages de re-
connaissance, que l'on conserve encore, se firent
entendre de tous les côtés en prose et en vers ;
les pauvres, dans l'impossibilité de lui élever un
monument durable, lui consacrèrent, auprès du
Louvre, rue du Coq, une pyramide en neige,
surmontée de son buste, avec cette inscription :

Reine, dont la bonté surpasse les attraits,
Et d'un roi bienfaisant occupe ici la place,
Si ce monument frêle est de neige et de glace,
Nos cœurs pour t'adorer ne le seront jamais.

A la naissance de Madame royale, la Reine,
dans la seule ville de Paris, dota cent filles indigentes, que les curés eurent ordre de choisir
parmi les plus vertueuses ; et, répétant sans
cesse *que le moyen le plus sûr de mettre le ciel
dans nos intérêts, était de mériter les prières
des pauvres*, elle fit délivrer, dans tout le royaume, tous les pères de famille que la rigueur des
lois tenait en prison pour mois de nourrice.

L'archevêque de Paris célébra tant d'actes généreux dans un mandement, où il s'exprimait
ainsi :

« Les prières du pauvre sont si efficaces ! Que n'obtiendront pas pour la Reine celles de tant de malheureux qui , par le recouvrement inattendu de leur liberté , ont été rendus à leurs familles et à leurs enfans qui réclamaient les secours de leurs pères, en même temps qu'ils étaient la cause innocente de leur détention ! »

Le 22 octobre 1788 , dans ce même mois , et presqu'à la même date où les blasphèmes de la rage se font entendre , la Reine , une seconde fois mère , et mère d'un dauphin , voulut , par des bienfaits inépuisables , remercier le ciel du bonheur qu'elle procurait à la France. Aucune espèce d'infortune ne resta sans soulagement ; non-seulement les prisons s'ouvrirent pour tous les détenus dont les fautes méritaient quelqu'indulgence , mais la liberté fut rendue à presque tous les débiteurs insolvables ; et, comme le bien augmente de valeur par le discernement qui l'opère, la Reine voulut que le grand-aumônier de France et six maîtres des requêtes fussent chargés de lui indiquer les malheureux que ces dons devaient délivrer. Ils s'élevèrent pour les seuls débiteurs, à la somme de 474,000 livres. Les mêmes bienfaits signalèrent, au 27 mars 1785, la naissance du malheureux duc de Normandie, dauphin quelques années , roi quelques jours, trop long-

temps orphelin, et dont le nom, dans ce moment, servait à outrager son auguste mère. Ah !
du moins, rappelons aujourd'hui les touchans
hommages que rendait alors à la Reine et au
Roi la franchise populaire ; on reconnaîtra, dans
ce peu de mots, des femmes de la halle, les sentimens du peuple et le sincère et naïf langage
du cœur.

« Sire, nos vœux sont exaucés ! Nous voilà
» sûres que nos enfans seront aussi heureux que
» nous, car cet enfant doit vous ressembler :
» vous lui apprendrez à être bon et juste comme
» vous ; nous nous chargeons d'apprendre aux
» nôtres comme il faut aimer son Roi. »

Elles disaient à la Reine :

« Il y a si long-temps, Madame, que nous
» vous aimons, sans oser vous le dire, que nous
» avons besoin de tout notre respect pour ne
» pas abuser de la permission de vous l'expri-
» mer. »

Admises enfin devant le noble enfant, la plus
vive émotion leur permit à peine de prononcer
ces paroles, souvent interrompues par des larmes
de joie :

« Vous ne pouvez nous entendre; vous ne pou-
» vez comprendre encore les vœux que nous fai-
» sons autour de votre berceau ; on vous les ex-
» pliquera quelque jour : ils se réduisent à voir
» en vous l'image de ceux de qui vous tenez la
» vie. »

Les voilà les Français, les voilà tels qu'ils
sont, et non tels que les représentait l'infâme calomnie de cet atroce tribunal.

Nous avons fait connaître comment s'expri-
maient sur la Reine les saints ministres des au-
tels ; nous venons de faire entendre la voix du
peuple ; l'union de tous les suffrages sera com-
plète, en rapportant ce que pensaient et disaient
d'elle les philosophes et nos premiers orateurs :

« Le plus beau spectacle que la terre puisse
» offrir au ciel, c'est la beauté bienfaisante sur
» le trône, c'est la puissance qui verse des larmes
» à l'aspect des malheureux qu'elle soulage, dont
» la douce humanité a substitué des bienfaits à
» une vaine pompe, et n'a voulu d'autres fêtes
» dans Paris que le spectacle attendrissant de
» l'hymen couronnant la jeunesse et l'innocence,
» dans *cent familles* indigentes et honnêtes !
» Si le mot de bienfaisance n'existait pas , il
» faudrait le créer aujourd'hui pour bien expri-

» mer , pour peindre d'un seul trait les grâces
» couronnées et la sensibilité sur le trône.

» Quel phénomène que cette jeune princesse
» qui a la magie de rendre la cour un pays dé-
» sirable, et qui fait que l'on dit à ceux qui , par
» leur emploi, sont à portée de la voir et de
» l'adorer :

» Votre sort est trop beau, vous vivrez auprès d'elle.

» Simple à-la-fois et magnanime , sensible et
» juste, élevée et populaire, éteignant l'éclat de
» son rang pour en augmenter le pouvoir !.....
» La beauté de ce caractère vous étonne, et vous
» fait craindre d'ajouter foi à l'orateur ; mais re-
» gardez sur le trône de France , et Marie-
» Antoinette vous garantira la fidélité de la pein-
» ture et la ressemblance du modèle. »

Hélas ! pour le retrouver, ce beau caractère ,
ce n'est plus sur un trône que l'on doit élever ses
regards , il faut les abaisser sur les bancs d'un
sanglant tribunal. Mais c'est là qu'il existe encore
ce beau caractère dans toute sa force , dans toute
sa grandeur et dans toute sa générosité!

Exposée pendant quarante-huit heures à toutes les provocations, à toutes les insultes , à tous
les piéges que dressent autour d'elle la ruse , le
mensonge et la perversité : toutes ses réponses
sont nobles , simples, dictées par la prudence ,
la présence d'esprit la plus rare , le sentiment et

la dignité. Plus occupée des autres que d'elle-même, jamais il ne lui échappe une parole qui puisse compromettre ses amis, ni même ses ennemis : souvent la précision et la simplicité de ses réponses leur donnent une autorité qui terrasse ses accusateurs et les réduit au silence.

On l'accuse d'avoir eu le projet de remonter sur le trône à quelque prix que ce soit : elle répond qu'elle n'avait pas besoin de remonter sur le trône, puisqu'elle y était.

On lui reproche d'avoir, dans la prison même du Temple, traité son fils avec la même déférence que s'il avait été Roi : elle assure qu'elle n'a jamais eu pour lui que les soins d'une mère, et ceux que réclamait son jeune âge. Le dénonciateur ose répéter que l'enfant était toujours servi le premier, et occupait le haut bout de la table. « *L'avez-vous vu ?* » répliqua la Reine d'un air encore si imposant, que le faux témoin se trouble et ne sait plus que répondre.

A celui qui prétend avoir eu sous ses yeux des *bons* revêtus de sa signature, elle a la présence d'esprit d'en demander la date; il indique en babultiant le 10 août 1792. « *L'époque*, dit la
» Reine, *est bien choisie, qui peut ignorer*
» *que, dès huit heures du matin, j'étais ren-*
» *due à l'Assemblée nationale, et bien éloignée*
» *d'y souscrire des engagemens.* »

Le calme et la fermeté de la Reine, pendant cette sacrilége procédure, partagent l'âme entre l'admiration et l'étonnement. L'élévation connue de ses sentimens préparait toutefois à un spectacle aussi noble. Mais ce qu'on ne peut concevoir, c'est comment une femme d'une faible stature, comment une Reine élevée dans les délicatesses de son rang, a pu supporter les fatigues d'un pareil interrogatoire. Les séances commençaient à neuf heures du matin, et ne se terminaient que bien avant dans la nuit. Elle était tellement épuisée, qu'en rentrant le premier soir à la Conciergerie, ses yeux et ses jambes la servaient à peine, et qu'elle serait tombée sur les trois marches qu'elle avait à descendre sans le secours d'un officier de gendarmerie qui lui présenta son bras pour la soutenir. Cet acte d'humanité, dénoncé comme un délit punissable, n'empêcha pas ce brave militaire de céder une seconde fois au même sentiment. La Reine, au milieu de la violente agitation des débats, et dans une salle encombrée de spectateurs, éprouvait une soif dévorante. Elle ne put retenir cette exclamation arrachée par un besoin pressant : *Mon Dieu, que j'ai soif !* Qu'on se figure la Reine de France n'obtenant pas même un verre d'eau ! Non, ce soulagement ne lui serait jamais arrivé, si ce même officier,

M. de Busne (il mérite bien qu'on le nomme),
n'avait eu le courage de le lui procurer. C'était
en effet du courage , car il fut destitué pour n'a-
voir pas été inhumain. Cette cruauté, cette pri-
vation de toute nourriture pendant quinze ou
seize heures, était une combinaison de scélératesse ; elle fut poussée jusqu'à proposer d'exté-
nuer Marie-Antoinette par des saignées. Ce cal-
cul atroce est relaté dans l'arrêt de mort dont
la trop lente justice du ciel atteignit Fouquier-
Tinville à son tour. On voulait réduire la Reine
à un tel état de faiblesse et de désorganisation
physique, que l'anéantissement de la nature fût
regardé comme une preuve de découragement
et de lâcheté. Les monstres n'eurent point cette
satisfaction ! La Reine s'alimenta de son courage, l'indignation la soutint, et son faible corps
participa de l'énergie de sa grande âme. Il était
arrivé le moment de l'employer tout entière
cette énergie. Les tremblans défenseurs de sa
cause avaient épuisé leur froide éloquence, et,
comme on l'avait prescrit d'avance, ils étaient
arrêtés. Alors commença l'exécrable rôle dont
Herman était chargé. Il chercha, dans un vague
résumé de toutes les dépositions , à donner quelque consistance aux calomnies de l'accusateur-
public. Mais reconnaissant lui-même la nullité
de ces moyens , et avouant que seulement quel-

ques faits servaient à la preuve de l'accusation principale, il prétendit qu'au lieu de témoins, *c'était le peuple français tout entier qui accusait la Reine*, et que les jurés devaient la juger, non-seulement sur tous les événemens *qui avaient eu lieu depuis cinq années, et qui depuis cinq années déposaient contre elle, mais sur toute sa vie politique depuis qu'elle était venue s'asseoir sur le trône, à côté du dernier Roi des Français*. Ainsi, les questions les plus compliquées et les plus délicates que des hommes d'état et des publicistes consommés auraient à peine osé résoudre dans un long espace de temps, furent livrées subitement à la féroce ineptie de quelques jurés; et des menuisiers, des limonadiers, des chirurgiens, des membres de comités révolutionnaires, des charpentiers, des chapeliers, des imprimeurs, des luthiers, des peintres et des perruquiers, eurent à juger dans une heure un règne de vingt ans et la plus illustre des souveraines. Ce vil ramas d'assassins stipendiés ne sut pas hésiter un instant, et leur unanimité monstrueuse contre la Reine l'ayant déclarée coupable, on fit rentrer la victime qu'on avait un moment éloignée de l'audience; des gendarmes ramenèrent ses défenseurs, et l'accusateur public réclama l'application des lois de sang. Herman interpella la Reine de déclarer si elle avait quelques réclamations à faire : elle ne daigna répondre que par un signe négatif. Sur la même question faite à ses défenseurs, Tronçon osa se permettre de répondre : *La déclaration du jury étant précise et la loi formelle, j'annonce que mon ministère, à l'égard de la veuve Capet, est terminé*. Son collègue Chauveau garda le silence de la terreur.

Il était quatre heures et demie du matin quand l'arrêt de mort fut prononcé par le président, dont les yeux brillaient de la joie du tigre devant sa proie. Les gendarmes s'emparèrent des deux avocats leurs prisonniers, et disparurent avec eux. La Reine de France ne laissa paraître aucun signe d'effroi. La fille de Marie-Thérèse reprit toute Sa Majesté : on remarqua son regard sublime vers le ciel, et ses regards de pitié sur ses juges ; et, suivie plutôt qu'emmenée par ses gardes, elle rentra pleine de courage et de sérénité dans cet horrible cachot, que son souvenir et nos regrets ont transformé depuis en un Temple sacré.

Ce fut dans la nuit du 14 au 15 octobre, dans cette nuit qui précéda la cruelle séance où la Reine devait paraître pour la dernière fois devant ses assassins, que Dieu, par des secours imprévus, lui communiqua cet esprit de force

qu'il fit descendre sur son fils à ses derniers momens. Un être d'une intelligence surnaturelle et
d'une piété courageuse, Mademoiselle Foucher,
parvint à pénétrer jusqu'à la Reine malgré les
surveillans, les épaisses murailles, les grilles et
les verroux. Non, l'ange de lumière qui délivra
Saint-Pierre de ses liens, et donna l'ordre à la
porte de fer de sa prison de s'ouvrir d'elle-même
devant lui, n'eut rien de plus merveilleux que
cet ange de charité. Sa constance et le succès de
son rare dévouement, parurent entièrement
célestes. Assez heureuse pour obtenir la confian-
ce de l'auguste Captive, Mademoiselle Foucher
lui proposa de recevoir un saint prêtre exempt
de toutes les souillures constitutionnelles. Sa
Majesté y consentit, et n'ayant pas tardé à se
convaincre que le langage et les principes de cet
ecclésiastique fidèle étaient conformes à son ministère, elle n'hésita point à s'abandonner à ses
soins. La Reine, alors sanctifiée par le sacrement
de la pénitence, adora Dieu dans l'eucharistie,
et la reçut, inondée de saintes larmes, à la messe
qui fut célébrée dans sa prison : chose admirable, et qui ne doit pas être passée sous silence,
observe Madame la princesse de Chimay, par
qui ces détails ont été connus, c'est que les deux
gendarmes qui se trouvaient de service, soit
qu'ils fussent naturellement bons, soit que la

piété de la Reine les eût touchés, se mirent en état d'approcher de la Sainte-Table à cette même messe qui fut célébrée devant Sa Majesté. Le prêtre l'attesta. Celui qui eut le bonheur d'exercer ces fonctions était, suivant quelques personnes, M. l'abbé Cholet, suivant d'autres, M. l'abbé Magnan, aujourd'hui curé de Saint-Germain-l'Auxerrois. Cet heureux instant où Dieu versait sur la Reine de si douces consolations, a été représenté avec autant de bonheur que d'exactitude par M. Menjaud, dans un tableau qui attirait la foule à l'exposition du Musée royal des arts. Ce chef-d'œuvre de sentiment et de vérité appartient à M. le duc de Fitz-James, bien digne de le posséder.

Les crimes atroces nous frappent d'une horreur si profonde qu'on ne pourrait en supporter même la peinture, si l'effroi qu'elle inspire n'était quelquefois, et en même temps adouci par les exemples de mille vertus. Cette réflexion s'applique plus particulièrement à ce jour d'exécrable mémoire, à l'horrible tableau qu'il présente, mélange inouï de tout ce qu'on peut rencontrer sur la terre de plus vil et de plus grand, de plus lâche et de plus courageux.

La Reine, exténuée de fatigue, de besoin et de froid, se retrouve à quatre heures et demie

du matin à la Conciergerie. On frémit aujour-
d'hui même en pensant qu'elle n'avait plus alors
que six heures d'existence. C'est à l'approche
d'une mort ainsi prévue que toutes les facultés
de son âme se développent et se font connaître.
Ce ne sont pas seulement ses jours de gloire,
mais ses derniers momens qu'il faut interroger ;
l'emploi qu'elle en a fait suffirait seul pour honorer sa vie. Son âme, déjà dans le sein de Dieu,
s'élève au-dessus de toutes les craintes; ce qui
l'occupe uniquement, c'est la religion, c'est
l'amour maternel, c'est l'amitié! De quelle admiration n'est-on pas saisi quand on fait attention que sa lettre sublime à Madame Elisabeth, sa sœur et son amie; porte la date
précise de quatre heures et demie du matin.
Ainsi donc, en se retrouvant seule à cette
heure dans les quatre murs de sa prison, ce
n'est pas un moment de repos, ce n'est pas un
peu de nourriture, ce n'est pas un peu de
chaleur qu'elle songe à se procurer; son premier besoin c'est d'épancher son âme dans cette
lettre, mouillée d'une larme du sentiment et
d'aucun autre, dans cette lettre qui ne peut se
comparer qu'au testament de son royal Époux.
Sans cesse interrompue, tantôt par ses gardes,
tantôt par le roulement des tambours, tantôt par
un prêtre infidèle qu'elle reçoit avec une froide

politesse, mais qu'elle refuse d'écouter, tout ce qu'elle redoute, c'est de ne pouvoir achever ses doux épanchemens. Comment ne pas s'attendrir aux touchantes expressions d'une âme adorable ? Elle se félicite d'aller rejoindre le frère de son amie : ce qui l'afflige, c'est d'abandonner *ses pauvres enfans*; elle n'existait que pour eux; elle les bénit, et trop heureuse encore de ne pas prévoir tous les maux qui les menacent, elle leur recommande l'union, leur sainte religion, et l'oubli de toute vengeance; l'amitié de Madame Elisabeth, et elle aime à le lui répéter, l'amitié de sa sœur a fait le charme de sa vie. On voit que l'atroce calomnie d'Hébert sur le jeune Roi la tourmente, non pour elle-même, mais pour sa sœur chérie. « J'ai à vous parler, lui dit-elle, d'une chose bien pénible à mon cœur; je sais combien cet enfant doit vous avoir fait de la peine : pardonnez-lui, ma chère sœur, pensez à l'âge qu'il a, et combien il est facile de faire dire à un enfant ce qu'on veut, et même souvent ce qu'il ne comprend pas. » Oh! qu'elle fut digne d'être aimée! « Je pense à mes amis, dit-elle; l'idée d'en être séparée pour jamais, et leur peine, sont un des plus grands regrets que j'emporte en mourant; qu'ils sachent du moins que jusqu'à mon dernier moment j'ai pensé à eux. » Bientôt elle s'arrache à toutes ses affections; elle sent que le temps la presse et lui échappe : « Adieu! mot cruel, adieu! je ne vais plus m'occuper que de mes devoirs spirituels. » Et pour que l'univers le sache, elle déclare qu'elle meure dans la religion catholique, apostolique et romaine, dans celle de ses pères, dans celle où elle a été élevée, et qu'elle a toujours professée.

Mais l'instant du sacrifice arrive ; il est onze heures ; depuis cinq le rappel est battu dans toutes les sections, toute la force armée de Paris est sur pied, des canons sont placés sur tous les ponts, sur les places, dans les carrefours qui se trouvent depuis le Palais-de-Justice jusqu'à la Place de la Révolution ; la circulation des voitures est interrompue : de nombreuses patrouilles parcourent toutes les rues, et des mégères, préparées à l'injure, occupent tous les passages. Le crime est plus effrayé que la Reine; il craint de perdre sa victime; juste envers le peuple, il ne le croit pas assez perverti pour être volontairement son complice, et tous les moyens de le contenir sont employés. La Reine, vouée depuis la mort de Louis XVI à un deuil éternel, ne songeait point à le quitter : on la dépouille des vêtemens de la douleur et de la vénération ; ses cheveux tombent sous d'affreux ciseaux, et couverte d'un mauvais déshabillé de piqué blanc, on l'entraîne sans retour.

Hâtons-nous d'abréger une longue et pénible route que font retentir mille outrages, parfois quelques sanglots, et sur laquelle, au milieu des hurlemens de la rage, on voyait de malheureuses femmes, cruellement punies de leur curiosité, s'évanouir et mourir dans des convulsions. Quel spectacle, en effet, que celui de la Reine conservant, dans une voiture ignominieuse, toute la dignité de son âme et de son rang, les mains froissées par d'indignes liens, entourée de l'appareil de la terreur, précédée par le comédien Grammont, et placée entre ses bourreaux et le curé de Saint-Laudry, qui, sous un habit laïc, et craignant de porter les insignes de son ministère, croyait le remplir, en répétant à la Reine que c'était l'instant de montrer du courage. « Du courage ! répliqua-t-elle, ah ! c'est pour vivre qu'il en fallait, et bien plus que pour mourir. » Enfin, à midi sonnant, l'affreux cortége se trouva rendu sur la place de Louis XV. Les insultes d'un peuple égaré, l'échafaud, l'instrument de mort, les mains abjectes qui la touchent, et dont l'approche lui paraissait plus cruelle que le supplice qu'elles préparent, rien ne trouble la Reine: sans faiblesse et sans orgueil, elle ne semble émue que par le souvenir des parjures de respect et d'amour, que la vue des Tuileries lui rappelle. Mais, à l'instant, elle retrouve toute l'énergie de

sa vie entière; elle s'élance au-devant de la mort ;
on croirait qu'elle en est avide; elle la contemple
d'un œil fixe , et la reçoit avec intrépidité.

Ainsi tous les dons les plus rares, et du ciel et
de la nature, tout ce qui pouvait illustrer un règne et rendre un peuple heureux , tout ce que la
grâce peut ajouter de charme à la puissance ,
tout ce que la bienfaisance a de délicatesse et d'ac-
tivité ; ainsi l'heureuse union des vertus les plus
douces et les plus héroïques; hélas! un seul crime,
une seule mort, un seul instant nous l'a ravi !
Perte irréparable !

Ah! quand les gémissemens nous manquent
pour la déplorer, serait-il possible d'augmenter
notre honte, en s'arrêtant sur les traitemens atroces qui ne furent pas épargnés à des restes sacrés?
En les retraçant, l'indignation sècherait les larmes , et ce bienfait de la nature est la seule con-
solation qu'il nous soit permis d'espérer. Elles
redoublent, ces larmes, en pensant que la Reine,
dont la famille pouvait armer deux millions
d'hommes pour la défendre , a été la victime
d'une poignée de scélérats. Cette faiblesse, pour
ne rien dire de plus , rappelle une page admirable
de La Bruyère. Si ses réflexions étaient justes ,
quand elles furent publiées , combien ne paraî-
tront-elles pas mieux fondées et dignes d'une
profonde attention aujourd'hui !

« O temps ! ô mœurs ! ô malheureux siècle ,
» où la vertu souffre , où le crime domine , où
» il triomphe ! Un homme a dit : Je dépouille-
» rai mon Roi de son patrimoine, je le chasserai,
» lui , sa femme et son héritier , de ses terres et
» de ses états ; et , comme il l'a dit, il l'a fait. Ce
» qu'il devait appréhender , c'était le ressenti-
» ment de plusieurs Rois qu'il outrage dans
» la personne d'un seul Roi ; mais ces Rois sem-
» blent dire : Montrez à tout l'univers qu'on peut
» chasser un Roi de son royaume , ainsi qu'un
» petit seigneur de son château , ou un fermier
» de sa métairie : qu'il n'y ait plus de différence
» entre de simples particuliers et nous , nous
» sommes las de ces distinctions ; apprenez au
» monde que ces peuples , que Dieu a mis sous
» nos pieds, peuvent nous abandonner , nous
» trahir , nous livrer, se livrer eux-mêmes à un
» étranger , et qu'ils ont moins à craindre de
» nous, que nous d'eux et de leur puissance. Qui
» pourrait voir des choses si tristes avec des yeux
» secs et une âme tranquille ? Il n'y a point de
» charges qui n'aient leurs priviléges , il n'y a
» aucun titulaire qui ne parle , qui ne plaide,
» qui ne s'agite pour les défendre : la dignité
» royale seule n'a plus de privilége ; les Rois
» eux-mêmes y ont renoncé. L'esprit de pique
» et de jalousie prévaut chez eux à l'intérêt de

» l'honneur, de la religion et de leur état ; est-ce
» assez ? A leur intérêt personnel et domesti-
» que ; il y va, je ne dis pas de leur élection,
» mais de leur succession, de leurs droits comme
» héréditaires ; enfin, dans tout, l'homme l'em-
» porte sur le souverain. Ceux qui sont nés ar-
» bitres et médiateurs, temporisent ; et lors-
» qu'ils pourraient avoir déjà employé utilement
» leur médiation, ils la promettent !!!

FIN.